1 | Markt

Bürgerhäuser an der Nord-
seite des Marktplatzes

Idealer Ausgangspunkt für die Erkundung der Barlachstadt Güstrow ist der Marktplatz. Hier weht der Atem
der Geschichte. Hier wird Politik gemacht, hier trifft man
sich, hier finden traditionell die Markttage (Di, Do, Sa)
und Stadtfeste statt. Der zentral gelegene Platz mit dem
klassizistisch geprägten Rathaus wird überragt vom barocken Turm der gotischen Pfarrkirche St. Marien und ge-
säumt von Bürgerhäusern verschiedener Stilepochen. Er
gehört zu den ungewöhnlichsten Plätzen Mecklenburgs.
Seit 1978, der 750-Jahr-Feier Güstrows, ist er Fußgängerbereich. Für die Umrundung einschließlich Pfarrkirche
legt man fast 400 Meter zurück, jeweils ca. 60 Meter in
der Breite und etwa 120 Meter an den Längsseiten.

Der Platz, seine Bebauung und das gesellschaftliche
Leben auf ihm sind eng mit der Entwicklung von Güstrow
verbunden. Nach Erhalt des Schwerinschen Stadtrech-
tes, urkundlich bestätigt 1228, erfolgte die planmäßige
Anlage der städtebaulichen Struktur. Güstrow erhielt ein
gitterförmiges Straßennetz, wie es für deutsche Siedlun-
gen östlich der Elbe im 13. Jahrhundert typisch war. In
dessen Mittelpunkt: ein großer rechteckiger Marktplatz.
1248 wurde den Ratsherren das Verfügungsrecht über

Von allen Baustilen ist
der **Klassizismus** (ca.
1770–1840) in Güstrow
am stärksten vertreten.
Er ist gekennzeichnet
durch geradlinige,
klare Formen und eine
Anlehnung an antike
Vorbilder mit Säulen und
Säulenordnung. Beispiele
sind das Rathaus, das
Theater, das Amtsgericht
und Bürgerhäuser rund
um den Marktplatz. Bei
vielen Häusern handelt es
sich um ältere Gebäude,
denen eine klassizistische
Fassade vorgesetzt wurde.
Auch zahlreiche Haustü-
ren aus dieser Zeit sind
erhalten, zum großen Teil
restauriert.

Stele mit Tierfiguren von Lothar Rechtacek

ihn ausgesprochen. Sie ließen in der Mitte die Pfarrkirche als geistliches Zentrum für die Bürgerschaft und das Rathaus als weltliches Zentrum zur Verwaltung der Stadt errichten. Die Lage am Kreuzungspunkt zweier bedeutender Straßen erwies sich als äußerst günstig. Die eine, von Westen aus Lübeck kommend, führte nach Pommern, die andere, aus Süden von Brandenburg kommend, zum Ostseehafen Rostock. Der Marktplatz wurde zum florierenden Handelszentrum.

Bei den verheerenden Stadtbränden 1503, 1508 und 1512 wurden alle umliegenden Häuser bis auf wenige Mauerreste zerstört. So ist das heutige Bild des Marktes geprägt durch Bauwerke, die vom 16. bis zum 18. Jahrhundert entstanden, in der Zeit der Renaissance, des Frühbarocks und des Klassizismus.

2 | Rathaus

Das prägende Gebäude des Marktplatzes ist zweifellos das repräsentative Rathaus. Es gilt als der bedeutendste bürgerliche Profanbau und herausragendes Beispiel des Klassizismus in Güstrow. Seine Lage mitten auf dem Platz ist in Mecklenburg einmalig. Sie weist auf die Bedeutung hin, die dem Rathaus seit Gründung der Stadt zugewiesen wurde.

Die Gestalt des ersten, gotischen Rathauses aus dem 13. Jahrhundert an diesem Ort ist nicht belegt. Es fiel Anfang des 16. Jahrhunderts dem Stadtbrand zum Opfer. Anschließend wurde ein neues Gebäude errichtet, vermutlich auf den alten Grundmauern. Um 1700 bestand das Rathaus aus fünf nebeneinander angeordneten Giebelhäusern, eines davon besaß einen Turm. Im Laufe der Zeit erfuhr das Gebäude mehrere Umbauten. Dabei entstand um 1754 der jetzt noch vorhandene Audienzsaal. Bemerkenswert ist seine figürliche Stuckdecke mit dem Motiv des Kusses von Gerechtigkeit und Frieden – als Wunschbild für das Zusammenleben der Bürger.

Ende des 18. Jahrhunderts erhielt der Güstrower Baumeister David Anton Kufahl den Auftrag zur Gestaltung eines neuen repräsentativen Rathauses für die wachsende Stadt. Der Umbau nach Kufahls Entwürfen erfolgte von 1797 bis 1800 unter Verwendung von vier der Giebelhäuser mit aneinander liegenden Traufen, denen Kufahl eine klassizistische Fassade vorsetzte. Mit einem erhöhten Mittelteil, Pilastern und Girlanden wirkt sie festlich, einladend und bildet den attraktiven Hintergrund für besondere Ereignisse: Im Dezember 1981 standen auf dem Balkon der DDR-Staatsratsvorsitzende Erich Honecker und BRD-Bundeskanzler Helmut Schmidt, der zum Staatsbesuch in der DDR weilte, Güstrow auch später verbunden blieb und 1995 Ehrenbürger der Stadt wurde.

Ab Sommer 2000 erfolgte eine zweijährige vollständige Sanierung des Rathauses und aller Räume der Stadtverwaltung. Die klassizistische Fassade von Kufahl wurde historisch detailgetreu rekonstruiert. Hier erhielt auch die restaurierte Rathausuhr wieder ihren angestammten, weithin sichtbaren Platz. Sie wurde an der früheren Stelle des Wappens, das nun im Foyer zu sehen ist, angebracht. Im Inneren kamen alte Rundbögen zum Vorschein. Die Stuckdecke des Audienzsaales, heute Tagungsort der Stadtvertreter, und die Holztäfelung des Ratssaales erhielten ihr ursprüngliches Aussehen zurück. Gleichzeitig machten großzügige bauliche Neuerungen – von Personenaufzügen über behindertengerechte Zugänge bis hin zu zeitgemäßer Kommunikationstechnik – das historische Haus zum modernen Sitz der Stadtverwaltung.

David Anton Kufahl
1763–1831, Baumeister. Nach der Maurerlehre 1778–1781 ging der gebürtige Güstrower auf Wanderschaft über Berlin nach St. Petersburg. In der aufstrebenden Metropole unter Zarin Katharina II. beeindruckten ihn die repräsentativen, eleganten Residenzbauten und Bürgerhäuser. Anschließend war er in Dänemark 1787–1790 Mitglied der Maurerzunft und studierte Architektur an der Kunstakademie in Kopenhagen. Danach setzte Kufahl in Berlin seine Studien fort. Wieder zurück in Güstrow, erhielt er 1797 den Auftrag, das Rathaus der Stadt umzubauen und zu erweitern. 1804–1808 baute er die Häuser Am Markt 17 und 33. Ab 1809 war Kufahl in Schwerin, 1811 bis 1822 in Rostock und danach in Wismar tätig.

3 | St. Marien

Juni–Sept.: Mo–Sa 10–17 Uhr, So 14–16 Uhr;
Apr./Mai/Okt.: Di–Sa 10–12/14–16 Uhr, So 14–16 Uhr;
Nov.–März: Di–Sa 11–12/14–15 Uhr, So 14–15 Uhr

Durch eine schmale Gasse vom Rathaus getrennt, erhebt sich mitten auf dem Marktplatz die evangelische Pfarrkirche St. Marien. Ihr Turm prägt die Stadtansicht, aus welcher Richtung man auch kommt. Die erste überlieferte Erwähnung der Kirche stammt von 1308. Sie war damals eine fünfschiffige Basilika, vom Domkapitel für die geistlichen Bedürfnisse der Güstrower Bürger gestiftet. Beim großen Stadtbrand 1503 brannte sie vollständig aus, wurde im Stil der norddeutschen Backsteingotik neu errichtet und 1508 geweiht. Ursprünglich katholisch, wurde sie bereits 1533 zur evangelischen Pfarrkirche, weit vor der 1549 beschlossenen Reformation in Mecklenburg. 1880/83 erfolgte der Umbau zu einer dreischiffigen symmetrischen Hallenkirche durch Hofbaurat Georg Daniel. Damit erhielt St. Marien ihr heutiges Aussehen. 1978 bekam sie ein neues Dach, 1984 ein neues Uhrwerk. 2004–2009 fand eine grundlegende Restaurierung statt, den Abschluss bildete die Sanierung der Orgel 2010/11.

Betritt man die Kirche durch den Haupteingang auf der Westseite, ist nach einigen Schritten der Blick frei für den Innenraum mit drei gleich hohen Schiffen und einem neogotischen Netzrippengewölbe auf mächtigen Säulen. Sehenswert sind zahlreiche Kunstwerke vor allem aus dem 16. Jahrhundert. Im Mittelschiff fällt der Blick zunächst auf die fünfteilige Triumphkreuzgruppe, hoch auf einem Balken im Triumphbogen vor dem Chorraum. Die monumentalen Figuren aus Eichenholz wurden 1516 von einem unbekannten Mecklenburger Bildhauer geschaffen: ein Kruzifix mit der fünf Meter großen Christus-Figur, beidseitig daneben überlebensgroß die Trauernden, Maria und Johannes. Neben ihnen stehen in Menschengröße Eva und Adam – eine Darstellung mit Seltenheitswert. Die Skulpturengruppe wurde im 19. Jahrhundert entfernt und 1908 teilweise wieder aufgestellt. Erst nach intensiven Bemühungen von Ernst Barlach gelangten 1929 auch die beiden Nebenfiguren Adam und Eva wieder an ihren Platz.

Die **Backsteingotik** bezeichnet eine Bauweise der Gotik in der Zeit von etwa 1250 bis 1500, die gekennzeichnet ist durch Farbspiel, raue Oberflächen und Variationsbreite der Bauformen. Mittelalterlicher Backsteinbau mit gebrannten Lehmquadern war vor allem in den Küstenländern um die Ostsee verbreitet. Charakteristisch ist das Fehlen von Figuren. Der Einsatz roter und glasierter Ziegel ermöglichte andererseits reich gegliederte Mauerornamente und Flächenstrukturen. Zeugnisse in Güstrow sind St. Marien, Heilig-Geist-Kirche, Dom und die Gertrudenkapelle. Güstrow gehört seit 2008 zur Europäischen Route der Backsteingotik, die die Kultur des Mittelalters und der Hanse in fast 40 Städten von Polen, Norddeutschland und Dänemark beschreibt.

Hinter der Triumphkreuzgruppe befindet sich am östlichen Ende des Mittelschiffes der berühmte Güstrower Flügelaltar, eines der bedeutendsten Werke der spätmittelalterlichen Altarkunst. Er wurde 1522, also noch in katholischer Zeit, von der in Güstrow einflussreichen Katharinenbruderschaft gestiftet. Der spätgotische Altaraufsatz (Retabel) wurde in Flandern, einem damals führenden Zentrum der Altarkunst, geschaffen. Ausführender Meister war der Brüsseler Bildschnitzer Jan Borman. Seine Signatur ist auf der Schwertscheide eines Schergen im Vordergrund der Kreuztragungsszene zu sehen. Die sechs Tafelgemälde der Altarflügel werden einem unbekannten Maler, ebenfalls aus der Brüsseler Werkstatt, zugeschrieben. Der Altar besteht aus dem Hauptbild mit den Altarflügeln, darunter einer Predella mit Figuren, die Christus und die zwölf Apostel darstellen. Gekrönt wird er von einem Maßwerkkamm mit Figuren und einem reich geschmücktem Baldachin. Das Schnitzwerk zeigt kunstvolle vergoldete Eichenholzreliefs mit 13 Bildern von der Passion Jesu Christi. Im geschlossenen Zustand – der Werktagwandlung – sind die zwei bemalten Außenflügel mit den Aposteln Petrus und Paulus zu sehen. Bei einer weiteren Wandlung erscheint das innere Flügelpaar – mit jeweils zwei gemalten Szenen aus dem Leben der Kirchenpatronin Maria und der Heiligen Katharina, Schutzpatronin der Katharinenbruderschaft.

Das älteste erhaltene Kunstwerk der Pfarrkirche steht auf einem Sockel vor dem südöstlichen Mittelschiffspfeiler nahe der Triumphkreuzgruppe: eine Pietà aus dem letzten Drittel des 15. Jahrhunderts, geschnitzt in Eichenholz. Bedeutendstes nachreformatorisches Kunstwerk ist die Kanzel im Mittelschiff. Sie wurde 1583 aus Sandstein im Stil der Renaissance geschaffen, mit zahlreichen kunstvollen Relieffiguren und szenischen Darstellungen. Das große Ratsgestühl war Platz der Ratsherren, die bei den Gottesdiensten stets vertreten waren. Es ist ein Werk des Meisters Michael Meyer von 1599 und belegt die beachtliche Schreinerkunst der Renaissance. An den Wänden sind zahlreiche Epitaphien angebracht, die an bedeutende Bürger der Stadt erinnern. Auch Ernst Barlach ist in der Pfarrkirche präsent: Sein vor 1933 entstandenes kleines Terrakottarelief

Oben: »Engel der Hoffnung« von Ernst Barlach
Links: Blick zur Orgel von St. Marien

»Engel der Hoffnung« befindet sich seit 1979 am südöstlichen Mittelschiffspfeiler.

An der Westseite des Mittelschiffes beeindruckt der gewaltige barocke Orgelprospekt. Dieses Werk des Rostockers Paul Schmidt wurde 1764/65 in die Kirche eingebaut. Drei Manuale mit insgesamt 2980 Pfeifen, verteilt auf 43 Register, bringen die Orgel zum Klingen (Spielwerk von 1931, Firma Sauer). Auf die Empore gelangt man über eine Wendeltreppe im Turmjoch.

Der weithin sichtbare Kirchturm erhebt sich an der Westseite vor dem Langhaus. Als Krone trägt er eine geschweifte, sogenannte welsche Haube, eine Laterne und ein steiles Pyramidendach. Der Aufstieg zur Aussichtsplattform beginnt in der Pfarrkirche und ist ein besonderes Erlebnis. Aber Vorsicht! Man sollte gut zu Fuß und körperlich fit sein für die schmale Wendeltreppe und die insgesamt 198 Stufen. Ein herrlicher Blick über Güstrow und seine reizvolle Umgebung entschädigt jedoch für die Mühen des Aufstiegs. Der Kirchturm ist mit 53 Metern das höchste Bauwerk Güstrows. Die Wendeltreppe führt zunächst bis zum Glockenstuhl mit den vier Turmglocken. Die kleinste ist die Taufglocke von 1425, älteste aller in Güstrow läutenden Glocken. Drei weitere Bronzeglocken wurden 1942 demontiert und für die Rüstungs-

Pietà

Liebe Leserinnen und Leser,

vielen Dank, dass Sie sich für einen Lehmstedt Reiseführer entschieden haben. Wir freuen uns, Ihre Meinung zu erfahren. Bitte schreiben Sie uns, wenn Sie Anregungen, Empfehlungen oder Berichtigungen haben. Gut verwertbare Informationen belohnen wir mit einem kostenfreien Lehmstedt Stadtführer Ihrer Wahl! Vielen Dank!

Ich habe diese Karte folgendem Reiseführer entnommen:

_____

❑ Bitte senden Sie mir regelmäßig kostenfrei und unverbindlich die Kataloge Ihrer Neuerscheinungen zu.

Ich möchte gern folgende Bücher aus Ihrem Verlagsprogramm bestellen und bitte um Lieferung gegen Rechnung an die umseitig genannte Adresse.

Anzahl	Autor, Titel

Ab einem Bestellwert von 20 € ist die Lieferung innerhalb Deutschlands versandkostenfrei.

info@lehmstedt.de

Unsere Datenschutzerklärung finden Sie unter www.lehmstedt.de.

An den
Lehmstedt Verlag
Hainstraße 1
D–04109 Leipzig

Vorname und Name

Straße und Hausnummer

PLZ und Ort

E-Mail-Adresse

Datum und Unterschrift

industrie eingeschmolzen, ebenso das Kupferdach des Turmes und zwei Glocken der Turmlaterne. 1950 lieferte die Glockengießerei in Apolda drei neue Glocken, die 2016 durch drei neue Bronzeglocken aus der Glockengießerei in Lauchhammer ersetzt wurden.

Über der Glockenstube unter der Turmuhr wohnte früher der Türmer. Vermutlich gab es Turmwächter schon ab 1508. Schriftlich belegt sind sie von 1718 bis 1920 – als vereidigte Dienstverpflichtete der Stadt Güstrow. Sie lebten mit ihrer Familie in drei kleinen Räumen, in die man durch Fenster hinter der Treppe blicken kann. Die Türmer hielten in alle Himmelsrichtungen Ausschau nach Bränden und läuteten im Ernstfall die Sturmglocke. Mit Signalhorn gaben sie zu festgelegten Zeiten den Bürgern bekannt, dass sie auf ihrem Posten waren. Der letzte Türmer, der Schneider Franz Scherping, wohnte mit Frau und zwei Kindern von 1913 bis 1920 in der engen Behausung. Seine Tochter, Irma Sophie Berta Scherping, wurde 1918 als letztes Kind auf dem Turm geboren. Zur Taufe in der Kirche gelangte sie über den Seilzug an der Außenwand des Turmes hinab und danach wieder hinauf. Wasser, Nahrungsmittel und alles, was nicht selbst laufen konnte, wurde auf diesem Weg transportiert, bei Todesfällen auch die Särge – mit und ohne Inhalt.

»Archimedes« von Gerhard Thieme an der Nordseite der Kirche

Kanzel

Westseite des Marktes, links der Fürstenhof

4 | Bürgerhäuser am Markt

An der Westseite des Marktes fällt der Blick zuerst auf den Fürstenhof (Markt 32). Das klassizistische Gebäude entstand 1804 nach Plänen von David Anton Kufahl und wurde nach 1900 von Adolf Kegebein zu »Kegebein's Hotel« mit Restaurant und Weingroßhandlung umgestaltet. Spätere Pächter gaben dem Hotel den Namen »Fürstenhof«.

Rechts um die Ecke, am Markt 2/3, befanden sich beinahe 300 Jahre lang Gasthäuser und Hotels: ab 1726 eine kleine Gastwirtschaft mit Ausschank, später das Müller'sche Gasthaus mit Gästezimmern, Saal und Stallungen, 1836 umbenannt in Hotel »Erbgroßherzog«. Nach dessen Abriss entstand 1911/13 ein gleichnamiger Neubau mit einem großen Saal für 1000 Personen sowie einem kleineren Saal, der später als Kino diente. Zeitweise war der »Erbgroßherzog« eines der modernsten Hotels der Region. Nach 1990 erlebte es wechselnde Betreiber. Nach einer Sanierung kann man seit 2018 wieder darin übernachten.

Gegenüber der Hotelfassade sitzt Archimedes, griechischer Mathematiker, Physiker und Ingenieur der Antike. Die Bronzeplastik (Bild S. 9) wurde 1978 bei der

Markt 22

Umgestaltung des Marktes zum Fußgängerbereich aufgestellt. Kurz danach war der Stift in Archimedes' Hand abgebrochen: Er soll zu eifrig notiert haben, wer im Hotel ein- und ausging... Unverfänglicher war und ist hingegen die formschöne Stele mit Tierfiguren (Bild S. 2).

Entlang der Straße am Markt beeindrucken Fassaden aus der Zeit der Renaissance, des Frühbarocks und des Klassizismus vom 16. bis zum 18. Jahrhundert, zum Beispiel die Gebäude Nr. 10 (grün) und 12 (rot) mit ihren original erhaltenen Renaissancegiebeln, die reich mit Obelisken und Voluten geschmückt sind. Sie gehören zu den ältesten Häusern am Markt. Das Fachwerkgiebelhaus Nr. 10, errichtet 1637, besitzt im Hof einen zweigeschossigen Seitenflügel aus dem Jahr 1587. Im Erdgeschoss befindet sich seit 1915 der Ratskeller. Auf der Giebelspitze wacht der Roland als Hüter städtischer Freiheit.

Einen Kontrast bilden die klassizistischen Fassaden, die im frühen 19. Jahrhundert vor ältere, vor allem Renaissancegebäude gesetzt wurden und seitdem das Bild des Platzes prägen. Besonders zu erwähnen sind die Häuser Nr. 22 und 23 auf der gegenüberliegenden Marktseite. Ersteres besitzt eine reiche Verzierung mit Tier- und Pflanzenornamenten sowie eine sehenswerte Haustür. Nr. 23 zeigt typische Elemente des Klassizismus.

Roland

Die Statue eines Ritters mit Richtschwert galt im Mittelalter als Sinnbild der Stadtrechte, d. h. des Marktrechtes, der Gerichtsbarkeit und damit der Eigenständigkeit der Stadt. Rolandstatuen stehen oft auf Marktplätzen und an Rathäusern. Die Figur des Roland besaß den Status eines Volkshelden. Sein Ruhm geht zurück auf Hruotland, einen Grafen der bretonischen Mark unter Karl dem Großen. Er fiel 778 in den Pyrenäen bei einem Kriegsgefecht des fränkischen Heeres. Im Rolandslied, Ende des 11. Jahrhunderts in Frankreich entstanden, wurden die Heldentaten Rolands ausführlich dargestellt.

Markt 10–12

5 | Hollstraße

Vom Markt aus lohnt ein kurzer Abstecher in die Hollstraße. Sie ist benannt nach den Holsteinern, die im 13. Jahrhundert nach Mecklenburg kamen. In Güstrow siedelten sie sich – überwiegend Handwerker wie Tischler, Schmiede, Böttcher, Schuhmacher – in dieser Straße an. So entstand hier das Handwerkerviertel. In der Hollstraße 6, einem Fachwerkhaus, dessen älteste Bauphase bis in die Mitte des 16. Jahrhunderts zurückreicht, wurde 1785 der Maler **Georg Friedrich Kersting** geboren. Anlässlich seines 200. Geburtstages erfuhr das Haus eine gründliche Sanierung. Danach beherbergte es bis 1994 das Kersting-Museum. Heute befindet sich das Gebäude in Privatbesitz. Das Andenken an Kersting wird im Stadtmuseum gepflegt.

Oben: Kerstings Geburtshaus (Hollstraße 6)
Links: Blick in die Gleviner Straße

Georg Friedrich Kersting
1785–1847, Maler der Romantik und bedeutender Interieurmaler des Biedermeier. In Güstrow als Sohn eines kinderreichen Glasermeisters geboren, besuchte Kersting die Domschule, studierte an der Königlich Dänischen Kunstakademie in Kopenhagen und an der Kunstakademie Dresden, wo er Anschluss fand an den Kreis um Gerhard von Kügelgen, Theodor Körner, Louise Seidler und Caspar David Friedrich, seinen späteren Freund. 1818 wurde Kersting zum Malervorsteher der Königlich-Sächsischen Porzellanmanufaktur in Meißen ernannt, wo er bis zum Lebensende blieb. Seine Bilder zeigen Biedermeierszenen (häufig mit einer in ihre Tätigkeit vertieften Person wie die bekannte »Stickerin am Fenster«), Porträts und Landschaften.

6 | Gleviner Straße

Die Gleviner Straße gilt als eine der schönsten der Stadt. Vorbildlich sanierte klassizistische Fassaden und Renaissancegiebel mit historischen Haustüren und unterschiedlichen Schmuckelementen wechseln einander ab. Texttafeln berichten von geschichtlichen Ereignissen und berühmten Bewohnern. Selbst die Gullideckel sind interessant – verziert mit einem Stier, dem Güstrower Wappentier, Ausdruck von Fruchtbarkeit und Stärke. Die Straße, benannt nach dem Dorf Glevin nahe der heutigen Plauer Chaussee, war früher eine der wichtigsten Durchgangsstraßen in Richtung Süden.

Das markante Eckhaus Gleviner Straße 1, direkt am Markt, wurde Anfang des 17. Jahrhunderts als repräsentatives Wohn- und Geschäftshaus erbaut. Ein gewaltiger, aufwendig gestalteter Renaissancegiebel prägt die Fassade. 1712 logierte hier August der Starke, Kurfürst von Sachsen und König von Polen, der während des **Großen Nordischen Krieges** zu Verhandlungen mit Zar Peter I., genannt der Große, und dem schwedischen General Steenbock in Güstrow weilte. In der Nr. 6, einem Fachwerkbau mit klassizistischer Fassade, wohnte der russische Zar. In dem um 1600 errichteten Renaissancehaus Nr. 32 war Generalfeldmarschall Menschikoff, Feldherr

»Wiener Café«

Der **Große Nordische Krieg** wurde 1700–1721 in Nord-, Mittel- und Osteuropa um die Vorherrschaft im Ostseeraum geführt. Eine Dreierallianz, bestehend aus dem russischen Zarenreich, Sachsen-Polen und Dänemark-Norwegen, griff im März 1700 das Schwedische Reich an, das von dem 18-jährigen König Karl XII. regiert wurde. Trotz der ungünstigen Ausgangslage blieb der schwedische König zunächst siegreich. Im Juli 1709 erlitt er eine verheerende Niederlage, sie brachte die Kriegswende. Aber erst nach dem Tod des Schwedenkönigs im Herbst 1718 konnte der Krieg beendet werden. Die Friedensverträge bedeuteten das Ende Schwedens als europäische Großmacht und den Aufstieg des 1721 von Peter I. gegründeten russischen Kaiserreiches.

und Freund des Zaren, einquartiert. Güstrow und das Umland mussten während der Verhandlungen rund 18 000 Soldaten und 10 000 Pferde versorgen. Jahrzehnte vorher (1628) befand sich im Haus Nr. 32 das Hofgericht Wallensteins, bevor es zum Domplatz umzog.

An der Ecke zur Burgstraße, in einem Haus aus dem 16. Jahrhundert mit klassizistischem Giebel von 1820, lockt das »Wiener Café« Besucher an. Bemerkenswert sind die historische Eingangstür und eine wundervolle 200 Jahre alte Stuckdecke.

7 | Heilig-Geist-Kirche

Norddeutsches Krippenmuseum
1. Advent–15. Jan./Juni–Sept. 11–17 Uhr
16. Jan.–Mai/Okt./Nov.: Di–So 11–16 Uhr

Am Ende der Gleviner Straße befindet sich am Heiligengeisthof 5 die Kirche Heilig Geist. Das Gebäude im Stil der Backsteingotik entstand Anfang des 14. Jahrhunderts als Hospital an der Stadtmauer in der Nähe des Gleviner Tores, an dessen Stelle heute zwei klassizistische Torhäuser stehen. Aufgabe des Hauses war die Aufnahme von Kranken, Alten und Gebrechlichen.

Während in anderen Städten die Raumstrukturen der Hospitale dieser Zeit durch spätere Umbauten vollständig überformt wurden, blieben in Güstrow wesentliche Befunde des frühesten gotischen Backsteinbaus unverändert erhalten. Der ungeteilte Saal im Erdgeschoss beherbergte den Speisesaal mit Küche und im direkten Anschluss später die Kapelle. Im Obergeschoss lag wahrscheinlich der Schlafsaal, der über das ganze Gebäude reichte. Mit Zustimmung der Domherren und des Bischofs konnte bis ins ausgehende Mittelalter der Altarbereich schrittweise ausgebaut und liturgisch genutzt werden. So entstanden bessere Möglichkeiten, Krankenpflege und Seelsorge miteinander zu verbinden.

Ab 1524 diente das Gebäude ausschließlich als Kirche. 1525 fand hier der erste lutherische Gottesdienst in Güstrow statt. Herzog Ulrich ließ 1561–1564 neben der Kirche wieder ein Armenhaus errichten. Nach dem Dreißigjährigen Krieg nahm sich Herzog Gustav Adolf zwischen

1653 und 1681 des vom Verfall bedrohten Gebäudes und der Fürsorgepflicht für die Armen und Gebrechlichen an. Er ließ die Kirche wiederherstellen und ein Armenhaus mit Hospital neu bauen. Später erfolgten mehrere Renovierungen, u. a. 1933 aus Anlass der 400-Jahr-Feier der Reformation in Güstrow und 1958 zur vorübergehenden Nutzung als Winterkirche der Pfarrgemeinde. Ab Mitte der 1970er Jahre verfiel das Gebäude zusehends.

Erst 2005 erhielt das Bauwerk wieder eine Zukunft – als Museum. Die Hamburgerin Mechthild Ringguth, Eigentümerin einer Sammlung von mehr als 350 Weihnachtskrippen, gründete gemeinsam mit der Pfarrkirchgemeinde St. Marien und der Stadt eine Stiftung, die neuer Hausherr der Kirche wurde. 2007 eröffnete das Norddeutsche Krippenmuseum. Zu seinem Bestand zählen heute rund 600 Krippen aus aller Welt, die Dauerausstellung zeigt rund 100 Exponate. Bei der Sanierung der historischen Bauteile der Kirche und der sensiblen Umgestaltung des Hauses zum Museum wurden u. a. eine bemerkenswerte barocke Bohlendielendecke, Reste eines gotischen Frieses sowie eine symbolische Heilig-Grab-Anlage freigelegt. Dank der erhaltenen Originalsubstanz gilt das Gebäude als bedeutendes mittelalterliches Baudenkmal in Mecklenburg-Vorpommern.

Heilig-Geist-Hospital

Im Mittelalter entstanden aufgrund schwerer Epidemien und der christlichen Pflicht zur Barmherzigkeit und Fürsorge Hospitaliter-Orden. Sie stifteten Hospitale für die Kranken- und Armenpflege. Guido von Montpellier gründete um 1170 in Montpellier ein Heilig-Geist-Spital. Die Spitalbruderschaft erhielt 1198 vom Papst die Bestätigung als Orden. Der Heiliggeist-Orden wurde so populär, dass sich viele Hospitale nach ihm benannten, obwohl sie mit dem Orden nicht verbunden waren. Sie waren bürgerliche Stiftungen in Verbindung mit den Pfarrgemeinden, so auch die Heilig-Geist-Hospital-Stiftung in Güstrow.

8 | Burgstraße

Von der Gleviner Straße zweigt die schmale Burgstraße ab – ein Geheimtipp für entdeckungsfreudige Individualtouristen. Neben historischem Kopfsteinpflaster und sanierten Fachwerkhäusern gibt es hier auch (noch) Ecken, die in Hochglanzbroschüren nicht vorkommen, wie die Baulücke neben dem restaurierten Fachwerkhaus Nr. 17, durch die der Blick zum Turm der Pfarrkirche wandert. Linker Hand zeigt der 400-jährige Giebel des Hauses Nr. 15 seine Baugeschichte: Lehmziegel, Balken einer Treppe und des Daches, das später überbaut wurde. Die Straßenfassade trägt die alten Lettern »Feierabendheim«. Ein Stück weiter führt eine Toreinfahrt unter gewaltigen Deckenbalken hindurch auf den Hof. Auch Güstrow »von hinten« bietet spannende Ein- und Ausblicke.

Burgstraße 17

9 | Domstraße

»Café Küpper« Mo–Fr 9–18 Uhr, Sa/So 13–18 Uhr
(Okt.–Apr. Sa geschlossen)

Wo die Burgstraße auf die Domstraße trifft, lädt das »Café Küpper« im denkmalgeschützten Haus Domstraße 15 zum Verweilen ein. 1852 von Konditor Kowatsch gegründet, seit 1887 in Händen der Familie Küpper, gibt es hier hausgebackene Torten und Kuchen in gemütlicher Atmosphäre. Die Güstrower nennen es »Scheidungscafé«, weil im nahe gelegenen Gericht viele Ehen geschieden wurden und die Ex-Partner anschließend im Café saßen. Am jetzt idyllischen Hofgarten gab es früher einen Eiskeller, an den eine dreifach gemauerte Wand erinnert. Hier wurden die im Winter auf den Seen geschnittenen Eisplatten eingelagert, die im Sommer die Lebensmittel der Bäckerei kühlten.

Die Domstraße, eine der ältesten Straßen der Stadt, führt vom Markt zum Güstrower Schloss. Sie entstand bei der Stadtgründung als Verbindung zwischen dem Siedlungszentrum am Markt und jenem um die Burg und den Domplatz. Die Verbindung zwischen Domstraße und Domplatz bildete die Kleine Schulstraße, die heute nach Georg Friedrich Kersting benannt ist.

Links: Domstraße mit Blick auf St. Marien, links das »Café Küpper«

10 | Ehemalige Domschule

Giebel der ehemaligen Domschule

Schon von Weitem fällt am Ende der Kerstingstraße ein Giebel im Stil der italienischen Renaissance auf. Er gehört zur Domschule, die um 1560 im Auftrag von Herzog Ulrich nach neuen Erkenntnissen durch Franz Parr und seine Brüder als Fürstenschule errichtet wurde. Hier wurden die Schüler für geistliche und weltliche Ämter im Herzogtum ausgebildet. 1789 wurde aus der Schule ein humanistisches Gymnasium. Mit wachsender Schülerzahl zog es 1869 in ein anderes Gebäude um. Das alte Haus wurde zur Bürgerschule. Ihre historische Schulbibliothek besaß zu Beginn des 20. Jahrhunderts rund 60 000 Bände und war die größte ihrer Art in Mecklenburg. Bis 1974 wurde das Haus als Schule genutzt, später stand es viele Jahre weitgehend leer. 2004 stellte eine Rekonstruktion der Fassaden die alte Schönheit des Gebäudes wieder her. Dabei wurde auch eine illusionistische Architekturmalerei mit vorgetäuschter Galerie und Geländer wiederentdeckt und freigelegt. Seit 2013 gehört das Gebäude, das als der älteste erhaltene Schulbau Mecklenburgs gilt, zum John-Brinckman-Gymnasium. Die 1236 gegründete Stiftsschule zur Ausbildung von Priestern ist eine der ältesten Schulen im deutschen Sprachraum.

11 | Dom

Mitte Mai–Mitte Okt.: Mo–Sa 10–17 Uhr, So 14–16 Uhr;
Apr.–Mitte Mai/Mitte Okt.–Mitte Nov.:
Di–Sa 10–12/14–16 Uhr, So 14–16 Uhr;
Mitte Nov.–März: Di–Sa 11–12/14–15 Uhr, So 14–15 Uhr,
Führungen nach Anmeldung Tel. 03843 68 24 33 oder
guestrow-dom@elkm.de

Der Domplatz entstand mit der Stiftung des Domes 1226
und ist das älteste Siedlungszentrum der Stadt. Hier
befand sich die sogenannte Domfreiheit. In Domher-
renhäusern wohnte das Domkapitel, die Leitungskörper-
schaft des Kollegiatstiftes, katholische Domherren unter
Vorstand des Dompropstes. Bis zu ihrer Vertreibung 1552
besaß dieser Bezirk seine eigene Hoheit und war nicht
der Stadt unterstellt.

   Der Zutritt zum Dom erfolgt über das Westportal in
der Turmwand. Der Dom zu Güstrow ist das älteste Bauwerk der Stadt. Am 3. Juni 1226 stiftete der christliche
Wendenfürst Heinrich Borwin II. auf dem Sterbebett,
zwei Tage vor seinem Tod, das Domstift. Erst 1335 fand
die Weihe statt. So wuchs das Bauwerk aus der Zeit der
Romanik – mit gewaltigen Mauern, Rundbogen und

Heinrich Borwin II.
Um 1170–1226, Herr zu
Mecklenburg. Als Sohn
von Heinrich Borwin I. und
Mathilde von Sachsen,
einer Tochter von Herzog
Heinrich dem Löwen,
war Heinrich Borwin II.
1219–1226 Herr zu Meck-
lenburg und 1225/26 Herr
zu Rostock. Er gründete
um 1219 bis 1226 Güstrow.
1226 stiftete er den Dom.
Nach dem Tod Heinrich
Borwins II. wurde das Land
von seinen vier Söhnen gemeinsam verwaltet. 1234
teilten sie das Fürstentum
in der Ersten Mecklenbur-
gischen Landesteilung in
die Herrschaften Werle,
Parchim-Richenberg, Ros-
tock und Mecklenburg.

trutziger Bodenständigkeit – in die Zeit der Gotik hinein mit ihren Spitzbogen, hohen Fenstern, Rippengewölben und lichtdurchfluteten Räumen. Auf einem romanischen Fundament entstand eine frühgotische kreuzförmige Pfeilerbasilika mit einer Länge von 70 Metern, einem 32 Meter breiten Querschiff und einem 44 Meter hohen Turm.

Das katholische Domkapitel behauptete sich bis 1552, während in der Pfarrkirche am Markt schon seit 20 Jahren evangelische Predigten gehalten wurden. Nach der Vertreibung der Priesterschaft verwaiste der Dom. Neue Bedeutung erhielt er erst unter Herzog Ulrich, der seit 1556 in Güstrow residierte. Seine Gemahlin Elisabeth von Dänemark regte die Renovierung an, die 1565/68 erfolgte. Aus der katholischen Priesterkirche wurde die evangelische Hofkirche der Residenzstadt. Im Dom hielt eine neue Zeit Einzug – mit neuen Ansprüchen und monumentalen Kunstwerken im Stil der Renaissance. Drei Jahrhunderte später, 1865/68, fand die Neugestaltung im Geiste der Neogotik statt. Von 2003 bis 2012 wurde der Dom erneut saniert.

Einen Rundgang beginnt man am besten im Westteil unter der Orgel von 1868 aus der Werkstatt des Orgelbauers Friedrich-Hermann Lütkemüller in Wittstock. Wendet man sich nach Osten zum Altar, erhält man einen Eindruck vom großartigen Innenraum mit seinem Kreuzrippengewölbe und der neogotischen Ausmalung. Gut erkennbar sind die kreuzförmige Gestalt der Kirche und der Knick in der Mittelachse von Langhaus und Chorraum. Bis zur Reformation war der gesamte Raum zweigeteilt in die Priesterkirche (Chorraum) und die Laienkirche, abgegrenzt durch einen Lettner, eine halbhohe Zwischenwand. Nur die Priester hatten Zutritt zum Chorraum, der Welt Gottes. Die Laien blieben im Westteil, der die irdische Welt symbolisierte.

Der Gang durch das Mittelschiff führt vorbei an den geschnitzten Holzfiguren der zwölf Domapostel in den Arkaden. Sie kamen um 1530 in den Dom und gelten als Höhepunkt spätgotischer Plastik, geschaffen von Claus Berg, einem Meister aus Lübeck. Als Verfechter des alten Glaubens im Zeitalter der Reformation gab er den Aposteln ausgeprägte Charaktere, Dynamik und einen streitbaren Geist. Das Triumphkreuz im Triumphbogen über

Ulrich zu Mecklenburg
1527–1603, Herzog. Der dritte Sohn von Herzog Albrecht VII. dem Schönen (1488–1547) und dessen Gemahlin Anna von Brandenburg kam 12-jährig zur Erziehung an den bayerischen Hof, später studierte er Theologie und Rechtswissenschaft an der Universität Ingolstadt. 1556 heiratete er Elisabeth, eine Tochter König Friedrichs I. von Dänemark. Im gleichen Jahr erhielt er Güstrow überwiesen als Regent des östlichen Landesteils von Mecklenburg. Ulrich verkörperte den Typus des universal gebildeten, neuzeitlichen Fürsten. Er beteiligte sich an den wissenschaftlichen Diskursen seiner Zeit. Nach seinem Tod wurde er prunkvoll im Güstrower Dom bestattet, wo Philipp Brandin ein Monument für ihn und seine Gemahlinnen geschaffen hatte.

Westportal

Detail des Ulrichmonuments

Elisabeth von Dänemark
1524–1586, Herzogin.
Elisabeth, älteste Tochter
von König Friedrich I. von
Dänemark und Norwegen
und Sophia von Pommern,
heiratete 1556 in zweiter
Ehe Herzog Ulrich zu
Mecklenburg und kam
nach Güstrow. Hier enga-
gierte sie sich sozial beim
Bau von Armenhäusern,
außer in Güstrow auch in
Grabow, Stargard, Bützow
und Stavenhagen. Nach
der Umgestaltung des
Zisterzienserinnenklos-
ters Rühn bei Bützow,
das Herzog Ulrich ihr
nach der Reformation
geschenkt hatte, zu einem
evangelischen Frauenstift
gründete sie dort 1575
die erste Mädchenschu-
le Mecklenburgs. Auf
religiösem Gebiet förderte
Elisabeth die Erneuerung
des Güstrower Domes. Sie
starb 1586 in Gedser auf einer Reise zu ihrer Tochter
und wurde im Güstrower
Dom beigesetzt.

dem einstigen Lettner gehört zu den ältesten Stücken im Dom. Es ist eine niederdeutsche gotische Arbeit aus Eichenholz von etwa 1370. An den Kreuzenden befinden sich die Symbole der vier Evangelisten: links der Engel für Matthäus, rechts der Stier für Lukas, unten der Löwe für Markus, oben der Adler für Johannes. Vierzehn angedeutete Knospen versinnbildlichen die Wandlung des Kreuzes zum Baum des Lebens.

Der farbenprächtige spätgotische Flügelaltar, entstanden vor 1500, ist ein Kunstwerk aus den Werkstätten norddeutscher Meister in Hamburg und Rostock. Auf goldenem Hintergrund ist im Mittelfeld die Kreuzigung dargestellt, zu beiden Seiten Apostel, Heilige und Märtyrer. Nach dem Aufklappen der Flügel erscheint auf 16 Bildern die Passionsgeschichte. Die zweite Wandlung zeigt die Schutzheiligen des Domes: Cäcilie, Maria, Johannes und Katharina von Alexandria. Die Predella zeigt Christus am offenen Grab und vier Kirchenväter.

Im Chorraum befinden sich Steinbildhauerarbeiten von Philipp Brandin aus der zweiten Hälfte des 16. Jahrhunderts: die Gedächtnistumba für den Stifter Heinrich Borwin II. sowie dessen Wandgrab und das Dorotheenepitaph für die Schwester der Herzogin Elisabeth. Das imposanteste Werk Brandins ist das Ulrichmonument, das er nach dreijähriger Arbeit 1587 abschloss. Es zeigt Herzog Ulrich, hinter ihm seine erste Gemahlin, **Elisabeth von Dänemark**. 1599 wurde das Monument um die Figur der zweiten Gemahlin, Anna von Pommern, erweitert.

Das heute wohl bekannteste Kunstwerk im Güstrower Dom befindet sich in der Nordhalle: »**Der Schwebende**«

von Ernst Barlach (siehe S. 37). Der Bildhauer, Grafiker und Dichter konzipierte die Figur 1927 als Mahnmal für die Opfer des Ersten Weltkrieges. Er schuf mit der Plastik eine Schicksalsgestalt – in höchster Konzentration, schwerelos schwebend. Das Antlitz der Skulptur trägt die Züge von Käthe Kollwitz, mit der Barlach befreundet war. Sie seien ihm wohl dazwischengeraten, ohne Absicht, sagte er später. Wer sich der Betrachtung dieses Meisterwerkes hingibt, wird von Barlachs Innerlichkeit beeindruckt, meint eine Vision und erhabene Kraft zu spüren, die Sehnsucht nach Frieden. Als 1937 Barlachs Werk in Deutschland zur »entarteten Kunst« zählte, wurde die Bronzefigur aus dem Dom entfernt und 1941 zur Einschmelzung abgeholt. Freunde Barlachs stellten 1942 einen Zweitguss her, der im Wendland den Krieg überlebte und seit 1952 in der Antoniterkirche in Köln hängt. Nach ihm wurde ein Drittguss hergestellt und 1953 dem Dom zu Güstrow übergeben. Seit 1985 hängt »Der Schwebende« wieder an seinem von Ernst Barlach ausgewählten Platz. Nicht weit entfernt befinden sich zwei weitere Barlach-Werke: »Der Gekreuzigte«, ein Bronzeguss von 1918, und »Der Apostel«, ein Terrakottarelief von 1925.

Nach Verlassen des Domes bietet ein Spaziergang um den Domplatz interessante Perspektiven.

»Der Schwebende«, Sonett von Rudolf Gahlbeck (1895–1972). Der Maler, Grafiker, Kunstpädagoge und Autor widmete dem Werk Ernst Barlachs zahlreiche Sonette, die 1951 erstmals und 1988 als neugestaltete Ausgabe im Hinstorff Verlag Rostock erschienen. Zu ihnen gehört auch das Sonett zur berühmten Skulptur im Güstrower Dom:
»Nicht Flügel sind's, die den Entrückten tragen. /
Das Überwundenhaben dieser Welt /
ist's, das ihn in der Freiheit Schwebe hält, /
jenseits von Glück und Qual aus Erdentagen. //
Es wohnt ein Wissen hinter diesem Schweigen /
um das, was war, was ist und einst wird sein. /
Geheimnis liegt verwahrt in seinem Schrein, /
verschwisternd ihn dem großen Kräftereigen. //
Noch sind gesenkt die schweren Augenlider. /
Doch ist die Stunde der Begegnung nah, /
da richtbar wird, was je durch uns geschah, /
da seiner Seele schweigendes Gefieder /
sich rauschend öffnet und das Auge brennt, /
das dich und mich im letzten Kern erkennt.«

12 | John-Brinckman-Gymnasium

Auf der Westseite des Domplatzes befindet sich das Gebäude des ehemaligen Realgymnasiums und der Realschule, erbaut in historisierendem Mischstil ab 1902, bezogen 1906. In den 1920er Jahren erlebte die Schule mit der Verstaatlichung und Neuordnung des Schulwesens in Mecklenburg einen Aufschwung und ist seitdem Gymnasium. Nach jahrelangen Bemühungen erhielt die Schule 1934 den Namen ihres einstigen Lehrers John Brinckman (siehe S. 40). Heute befindet sich im Gebäude das John-Brinckman-Gymnasium, zu dem auch das Haus am Goetheplatz und die ehemalige Domschule gehören.

13 | Uwe-Johnson-Stele

In unmittelbarer Nähe steht am Domplatz eine Bronzestele für Uwe Johnson (siehe S. 45). Der spätere Schriftsteller besuchte die Oberschule in Güstrow von 1948 bis zum Abitur 1952. Die mehr als zwei Meter hohe Stele wurde 2006 von Wieland Förster geschaffen. Die feierliche Einweihung der Stele fand am 20. Juli 2007 statt, dem Geburtstag des 1984 verstorbenen Schriftstellers.

14 | Freimaurerloge

Das Haus Domplatz 10 wurde 1839 im Stil des Klassizismus erbaut. Hier befand sich seit 1841 die 1805 gegründete Freimaurerloge. Zu ihren Mitgliedern gehörten Persönlichkeiten wie David Anton Kufahl, Georg Friedrich Kersting, Feldmarschall Gebhard Leberecht Blücher von Wahlstatt. Die Nationalsozialisten verfügten 1935 die Auflösung. 1996 wurde die Freimaurerloge wiederbelebt.

15 | Galerie Rambow

Das Backsteingebäude Domplatz 16 entstand 1583 im Stil der niederländischen Renaissance nach Plänen von Philipp Brandin. Herzog Ulrich ließ es für seinen Hofmarschall errichten. Während des Dreißigjährigen Krieges tagte hier 1629/31 Wallensteins Hofgericht. Später wurde das Haus als Justizverwaltung, Landgericht, Museum und Schule genutzt. In den 1990er Jahren erwarb der bekannte Grafikdesigner Gunter Rambow das Haus. Es beherbergt außer Wohnung und Atelier des Künstlers auch die Galerie Rambow, die internationale Plakatkunst des 20. Jahrhunderts bis zur Gegenwart zeigt.

16 | Franz-Parr-Platz

Im Südosten des Domplatzes führt die Philipp-Brandin-Straße vorbei an Fachwerkhäusern aus dem 18. Jahrhundert zum Franz-Parr-Platz. Hier befindet sich der Bereich der ehemaligen Schlossfreiheit. Der Platz diente bis zum 18. Jahrhundert als Turnier-, Reit- und Exerzierplatz. Zur Zeit der napoleonischen Besetzung 1806–1812 wurde Güstrow zum Zentrum der Befreiungsbewegung in Mecklenburg. Der Platz war ein Sammelpunkt der Freiwilligen Jäger Mecklenburgs, die in den Kampf gegen Napoleon zogen. Zur Erinnerung an sie wurde 1865 eine gusseiserne Stele enthüllt. Die vier Eckfiguren symbolisieren Krieg, Sieg, Frieden und Trauer; die Reliefbilder zeigen »Auszug« und »Heimkehr«. 1987 musste das Denkmal wegen Baufälligkeit demontiert werden. Seit 1995 steht es wieder an seinem Platz.

Das Gerichtsgebäude an der Südseite des Platzes entstand 1823/25 im Stil des Klassizismus. 1877 erfolgten die Aufstockung um ein Geschoss und eine historisierende Gestaltung der Fassade, einschließlich des Mecklenburger Wappens. Bis 1945 diente es als Amts- und Landgericht. In der DDR war das Gebäude u. a. Sitz der SED-Kreisleitung. Heute befindet sich hier das Amtsgericht.

Franz(iskus) Parr

Gest. 1580, Baumeister. Die Künstlerfamilie Parr war ursprünglich im lombardischen Bizone (Oberitalien) ansässig und nach Niederschlesien (heute Polen) eingewandert. Vater Jakob Parr (Bahr) und drei seiner Söhne waren am Bau der Schlösser Haynau und Brieg, wahrscheinlich auch Warschau beteiligt. Später wurden sie als Baumeister in Mecklenburg wirksam. Franz Parr prägte maßgeblich den Güstrower Schlossbau. 1558–1565 war er Hofbaumeister Herzog Ulrichs. Neben der Arbeit am Güstrower Schloss war Franz Parr am Bau des bischöflichen Schlosses in Bützow und an der Restaurierung des Güstrower Domes beteiligt.

Georg Adolf Demmler

1804–1886, Architekt und Baumeister. Demmler stammte aus einfachen Güstrower Verhältnissen. Nach Abschluss des Gymnasiums 1819 studierte er an der Bauakademie Berlin bei Karl Friedrich Schinkel und Friedrich Gottlieb Schadow und wurde 1824 in den mecklenburgischen Staatsdienst aufgenommen. Er wirkte vor allem in der Landeshauptstadt Schwerin, wurde 1837 Hofbaumeister und 1841 Hofbaurat. Glanzpunkte seines Wirkens waren der Umbau des Schlosses sowie das Arsenal, der Marstall und das Hoftheater in Schwerin. Demmler engagierte sich in der Revolution von 1848 und in der Arbeiterbewegung.

17 | Stadtmuseum

Güstrow-Information/Stadtmuseum

Apr.–Okt.: Mo–Fr 10–17 Uhr, Sa/So 10–16 Uhr;
Nov.–März: Mo–Sa 10–16 Uhr

Der schlichte klassizistische Bau von 1826 an der Ostseite des Franz-Parr-Platzes beherbergt das Stadtmuseum, das Stadtarchiv sowie die Güstrow-Information. Im Jahre 2003, zum 775-jährigen Jubiläum Güstrows, wurde hier das Museum am neuen, seinem fünften Standort wiedereröffnet. Es präsentiert die hervorragenden Güstrower kunst- und kulturgeschichtlichen Sammlungen. Die Dauerausstellung macht die historische Entwicklung Güstrows von der Stadtgründung bis zur Gegenwart sichtbar, unterstützt durch moderne multimediale Ausstellungstechnik. Einzelausstellungen zeigen Arbeiten deutscher Expressionisten sowie Leben und Werk des Malers Georg Friedrich Kersting, des Schriftstellers John Brinckman sowie des Malers, Kopisten und Restaurators Otto Vermehren. Zu den besonderen Schätzen des Museums gehört eine im norddeutschen Raum einmalige Sammlung von Theaterzetteln, von denen der erste aus dem Jahre 1740 stammt.

18 | Ernst-Barlach-Theater

Informationen unter www.ernst-barlach-theater.de

Das Güstrower Theater ist der älteste erhalten gebliebe-
ne Bau eines Bürgertheaters in Mecklenburg. Es wurde
1828 im klassizistischen Stil nach Plänen von Georg Adolf
Demmler mit Spendengeldern der Güstrower Bürger in
der unglaublich kurzen Bauzeit von einem halben Jahr erbaut. Initiatoren waren der Hof- und Landgerichtsadvokat
Friedrich Piper sowie der Senator und Fabrikant Carl Daniel
Lönnies. Nach der Eröffnung mit dem Schauspiel »Hans
Sachs« wurde es von verschiedenen Theatern bespielt, war
zeitweise Stadttheater mit eigenem Ensemble und jungen
Schauspielern wie Hans Albers, und diente auch als Kino.
1945 nahm das Theater als erstes in Norddeutschland den
Spielbetrieb nach dem Krieg wieder auf. Mit neu gegrün-
detem Ensemble zeigte es Schauspiele, Operetten, Opern,
Ballett und Sinfoniekonzerte. 1955 erfolgte ein Umbau des
Bühnenhauses und Zuschauerraumes. Das rekonstruierte
Haus wurde 1957 als Ernst-Barlach-Theater neu eröffnet.
Seit 1976 ist es Gastspielhaus und bietet ein vielseitiges
Programm mit Sprech-, Musik- und Tanztheater, Kinder-
und Jugendtheater sowie Konzerten.

Hans Albers
1891–1960, Schauspieler
und Sänger. In Hamburg
geboren, hatte Albers
ohne Wissen seines Vaters,
heimlich finanziell unterstützt von seiner Mutter,
privaten Schauspiel-
unterricht genommen.
In der Spielzeit 1912/13
debütierte er am Stadttheater Güstrow in der Rolle
jugendlicher Liebhaber.
Seine Karriere begann
sehr bescheiden. Er erhielt
am Güstrower Theater
eine Gage von 60 bis 120
Mark im Monat und wurde
zu Bühnenarbeiten ver-
pflichtet. Die Kritiken aus
der »Güstrower Zeitung«
geben indessen ein Bild
vom Beginn einer großen
Karriere. Später wurde
Albers als »blonder Hans«
berühmt und für eine gan-
ze Generation zum Idol.

19 | Städtische Galerie Wollhalle

Während Ausstellungen 11–17 Uhr

Wo heute das mehrstöckige Fachwerkhaus der Galerie Wollhalle steht, wurde im 16. Jahrhundert ein herzoglicher Pferdestall erbaut. 1817 erwarben ihn die Stadtväter zur Lagerung von Wolle aus den Schäfereien Mecklenburgs. 1818 fand hier der erste Wollmarkt statt. Schon 1820 wurde die Wollhalle zu klein. Sie wurde im klassizistischen Stil umgebaut und um zwei Etagen aufgestockt. In einem Anbau fanden die Waage, eine Aufzugswinde, eine Treppe sowie ein Büro Platz. Anschließend diente das Gebäude mehr als ein Jahrhundert lang als Lagerhaus und Handelsort für Schafwolle. Der letzte Wollmarkt wurde 1938 abgehalten. Nach dem Zweiten Weltkrieg fungierte das Gebäude u. a. als Theaterwerkstatt. In den 1990er Jahren fanden erste Kunstausstellungen statt. Nach der Sanierung einschließlich der Rekonstruktion des historischen Ambientes eröffnete im Jahr 2000 die Städtische Galerie Wollhalle, die in modernen Galerieräumen wechselnde Ausstellungen zeitgenössischer Kunst präsentiert.

Philipp Brandin
Um 1535–1594, niederländischer Architekt, Baumeister und Bildhauer der Renaissance. Brandin wurde von Herzog Johann Albrecht I. nach Schwerin zur Ausgestaltung von Schloss und Schlosskirche berufen und wohnte ab 1567 mit seiner Familie in Wismar. In Güstrow wirkte er ab 1574, arbeitete ab 1578 als Steinmetz und Baumeister am Schloss und war 1583–1594 Hofbaumeister von Herzog Ulrich. In dessen Auftrag arbeitete er an der Neuausstattung des Domes und schuf Denkmale im Chorraum wie z. B. das Ulrichmonument. Gleichzeitig hinterließ er in der Stadt seine Spuren, u. a. mit der Gestaltung des Hauses am Domplatz 16.

20 | Schloss Güstrow

Di–So 11–17 Uhr (Sanierung bis 2023)

Das Schloss Güstrow ist eines der bedeutendsten Renaissanceschlösser in Nordeuropa und gehört zu den wenigen erhalten gebliebenen Repräsentationsbauten der Renaissance in Norddeutschland – übrigens mit überraschend südländischem Charme. Seine Silhouette prägt – neben Dom und Pfarrkirche – weithin sichtbar das historische Bild der Stadt.

Auf dem Areal stand ursprünglich eine mittelalterliche Fürstenburg. Sie war bis 1436 Nebensitz der Herren von Werle. Nach deren Aussterben fiel sie an die Mecklenburger Herzöge. So wurde sie 1556 zur Residenz von Herzog Ulrich. Ein Jahr später zerstörte ein Brand Teile der Burg. An ihrer Stelle ließ Herzog Ulrich ab 1558 das prachtvolle Renaissanceschloss errichten – eine vierflü-

gelige Schlossanlage, zu der seit alters auch Torhaus, Schlossbrücke und Schlosskirche zählten. Zum Schloss gehörten darüber hinaus Lust-, Küchen- und Tiergarten. Als Baumeister verpflichtete Herzog Ulrich den zuvor in Schlesien wirkenden Lombarden Franz Parr. Er baute den West- und Südflügel in einer Formensprache der Renaissance, die italienische, französische und einheimische Ideen verband. Gemeinsam mit seinen beiden an der Innenausstattung beteiligten Brüdern arbeitete Franz Parr bis 1567 in Güstrow. Sein Südflügel mit der südländisch anmutenden Arkadenwand auf der Hofseite und dem Turm blieb unvollendet. In einer zweiten Bauphase führten der niederländische Hofbaumeister **Philipp Brandin** sowie sein Schüler und Nachfolger Claus Midow bis 1599 den Bau mit dem Nord- und Ostflügel weiter. Der letzte Güstrower Herzog Gustav Adolf beauftragte **Charles Philipp Dieussart** mit barocken Modernisierungen: dazu zählten die Innenräume ebenso wie Torhaus, Schlossbrücke und die Gartenanlagen.

Das Schloss diente den Herzögen zu Mecklenburg als fürstliche Residenz von europäischem Rang, die Weltläufigkeit und politischen Führungsanspruch widerspiegelte, lediglich unterbrochen von einem kurzen Intermezzo des böhmischen Feldherrn **Wallenstein**, der 1628/31 während des Dreißigjährigen Krieges mit üppigem Prunk auf Schloss Güstrow herrschte. Als die Güstrower Herzogslinie mit dem Tod des Herzogs Gustav Adolf 1695 erlosch, blieb das Schloss weitgehend ungenutzt und verfiel. Zeitweise war es Lazarett, Landarbeitshaus und Altenheim. 1963 begann eine umfassende Restaurierung. Seit 1972 wird das Schloss als Museum genutzt.

Ein Rundgang durch die Innenräume beginnt im Untergeschoss. Hier befindet sich die bedeutendste museale Sammlung mittelalterlicher Kunst in Mecklenburg-Vorpommern. Zu den ältesten Stücken gehören die Giebelseite eines Reliquiars aus dem 12. Jahrhundert, die Sitzmadonnen aus Banzkow und Belitz (13. Jahrhundert) und die wohl älteste erhaltene Hinterglasmalerei Deutschlands. Herausragendes Exponat ist der Marienkrönungsaltar aus der Kirche St. Jacobi zu Lübeck von 1435. Im Erdgeschoss liegen die ursprünglichen Hofstuben, d. h. die Gemeinschaftsspeisesäle. Der größte Raum, der sogenannte Jagdsaal, präsentiert herzogliche

Wallenstein
eigentlich Albrecht Wenzel Eusebius von Waldstein, 1583–1634, böhmischer Feldherr und Politiker. Im Dreißigjährigen Krieg kämpfte Wallenstein mit seinen Truppen auf Seiten des Kaisers und der Katholischen Liga gegen die protestantischen Mächte Dänemark und Schweden. Er besiegte 1626 den Dänenkönig Christian IV. und schlug 1627 das dänische Heer in Mecklenburg. Für die aufgewendeten Kriegskosten erhielt Wallenstein von Kaiser Ferdinand II. die beiden Herzogtümer Mecklenburg, da die Herzöge der Konspiration mit Dänemark beschuldigt wurden. Wallenstein bezog im Juli 1628 mit seinem Hofstaat (70 Grafen, Freiherren, 100 Leibschützen) das Residenzschloss Güstrow. Anfang 1630 wurde Wallenstein seiner militärischen Ämter enthoben.

Innenhof mit Arkaden und Treppenturm des Südflügels

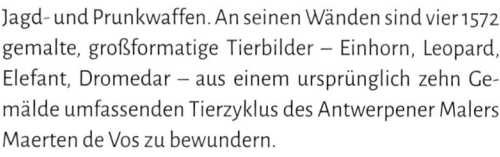

Festsaal

Jagd- und Prunkwaffen. An seinen Wänden sind vier 1572 gemalte, großformatige Tierbilder – Einhorn, Leopard, Elefant, Dromedar – aus einem ursprünglich zehn Gemälde umfassenden Tierzyklus des Antwerpener Malers Maerten de Vos zu bewundern.

Das erste Obergeschoss war die Fest- und Wohnetage der Herzöge. Eine breite Turmtreppe führt über die Galerie durch ein Foyer in den repräsentativen Festsaal. Hier fanden einst höfische Feste und Empfänge statt. Unterhalb der Decke verläuft ein plastischer Rotwildfries, an dem Christoph Parr 1569–1571 arbeitete. Die Hirsche tragen echte, bei der Restaurierung erneuerte Geweihe. Ursprünglich stammten sie möglicherweise von Tieren, die Herzog Ulrich selbst erlegt hatte. Zu bestaunen ist auch die kuriose Stuckkassettendecke des Künstlers Daniel Anckermann (später namhafter Stuckateur in Schweden) von 1620. Ihre 43 Felder stellen historische Jagdszenen und Gladiatorenkämpfe nach niederländischen Kupferstichen dar. Ein besonders großes Feld zeigt den Kampf des Kaisers Claudius gegen Meeresungeheuer im Hafen von Ostia. Hier nahm der Herzog Platz und wurde an seine Pflicht, Unheil von seinem Land abzuwenden, erinnert. Heute wird der Saal für festliche Anlässe und Konzerte genutzt.

Turmzimmer

Neben weiteren Gemächern befindet sich auf dieser Etage auch der »Parr-Saal« (Raum 13), die ehemalige Stube des Herzogs. Die hofseitige Fensternische bewahrt auf der stuckierten, farbig gefassten Deckenwölbung das schönste der wenigen erhaltenen Dekorationselemente des Schlosses. Die Hauptszene zeigt den sagenhaften römischen Helden Marcus Curtius als tugendhaftes Vorbild für den Landesherrn.

Im zweiten Obergeschoss befanden sich die »Frauenzimmer« – die Gemächer der Güstrower Herzoginnen und anderer Damen des Hofes. In zwei dieser Räume sind wertvolle Holzdecken erhalten.

Der bemerkenswert schöne Schlossgarten entstand gleichzeitig mit dem Bau des Schlosses. Herzog Ulrich ließ einen großzügigen Lustgarten mit Laubengängen, Wasserspielen und duftenden Pflanzen anlegen. Er wurde im 17. Jahrhundert dem damaligen Zeitgeschmack entsprechend umgestaltet und blieb in einer Struktur erhalten, die wahrscheinlich auf Wallensteins Hofarchitekten Giovanni Pieroni zurückgeht. Mit dem Verfall des Schlosses seit 1695 verfiel auch der Garten. Nach der Rekonstruktion konnte der Lustgarten zur 750-Jahr-Feier Güstrows 1978 wieder eingeweiht werden. Seit 2014 lädt er, erneut hergerichtet, zum Lustwandeln ein.

Charles Philipp Dieussart Um 1625–1696, Architekt und Bildhauer. Zu den ersten Werken, die der vermutlich aus Holland stammende Hugenotte in Mecklenburg schuf, gehörte das Herrenhaus Rossewitz bei Güstrow. Weitere sind das Torhaus am Schloss Güstrow und Schloss Dargun. Mehrere Reisen führten ihn durch Europa, so arbeitete er auch am Königshof in Kopenhagen. Später ging Dieussart als kurfürstlicher Baumeister und Bildhauer nach Brandenburg-Preußen. Sein Hauptwerk dort ist das Jagdschloss Glienicke.

Schlossgarten

Blick zum Dom

21 | Achtern Dom

Von der Straße Schlossberg biegt der Fußweg »Achtern Dom« ab. Er führt unterhalb der historischen Stadtmauer entlang: Rechter Hand – die Türme von Dom und Pfarrkirche, linker Hand – idyllische Wasserläufe, Pfaffenteich, Schilf und Weidenbäume. Unterhalb des Domplatzes beginnen die Wallanlagen.

Die erste nachweisliche Erwähnung der Befestigungsanlagen stammt aus dem Jahr 1248. Sie wurden bis ins 17. Jahrhundert ausgebaut durch eine Stadtmauer mit vier Stadttoren. Diese besaß außerdem fünf Türme, fünf Wiekhäuser (an und auf die Stadtmauer gebaute Stadthäuser mit Wohnungen für Wächter und Hilfsleute) und elf Bastionen. Heute noch vorhandene, sorgfältig sanierte Reste der Stadtmauer sind außer am Dom auch an der Hageböcker Mauer, der Gleviner Mauer und in der Schnoienstraße zu besichtigen.

Die Wall- und Befestigungsanlagen verfielen im 18. Jahrhundert, da Güstrow nicht mehr Sitz von Landesherren war. Der Großherzog überließ die Wälle und den Stadtgraben 1870 der Stadt Güstrow. So erfolgte bis 1878 die Bebauung der Neuen Wallstraße. Die historischen Wallanlagen wurden Anfang der 1990er Jahre als

Malmström-Museum

Dieses kleine, besondere Museum in der Straße Zu den Wiesen 17 zeigt die fast 300-jährige Geschichte der berühmten Artisten- und Zirkusfamilie Kolter-Malmström, die seit 1917 in Güstrow ansässig ist. Im Haus Malmström stößt man schon im Flur auf die ersten Spuren der Familie. Eine Vielzahl von Dokumenten, Fotos, Plakaten und Requisiten sind in den Ausstellungsräumen zu sehen. Und mit dem hundertjährigen Zirkuswagen samt Ausgestaltung verfügt das Museum über ein einmaliges zirzensisches Highlight (Besuch nach Absprache Tel. 03843 68 07 86).

Bürgerpark neu gestaltet. An der Hageböcker Straße und von der Neuen Wallstraße überqueren Brücken den Wassergraben zur Lindenstraße. Von dort führen linker Hand kleine Querstraßen zu weiteren Kleinoden Güstrows wie dem wenig bekannten **Malmström-Museum** und der berühmten Gertrudenkapelle.

22 | Gertrudenkapelle der Ernst Barlach Stiftung Güstrow

Apr.–Okt.: Di–So 10–17 Uhr; Nov.–März: Di–So 11–16 Uhr

Die erstmals 1430 urkundlich erwähnte Kapelle zu Ehren der Heiligen Gertrud von Nivelles wurde wahrscheinlich zu Anfang des 15. Jahrhunderts auf einem Friedhof vor dem Hageböcker Tor erbaut. Der kleine gotische Backsteinbau zählt zu den ältesten Bauwerken Güstrows und ist eine der ältesten mittelalterlichen Fachwerkkirchen in Mecklenburg-Vorpommern. Sie diente als Wallfahrtskapelle, später zur Unterbringung von Kranken, als Friedhofshalle und Abstellkammer – bis zum drohenden Verfall. In den 1930er Jahren erfolgten grundlegende

Ernst Barlach
1870–1938, Bildhauer, Grafiker und Dichter. Seit 2006 trägt Güstrow offiziell den Titel Barlachstadt nach dem berühmtesten Bürger der Stadt, der zu den bedeutendsten Künstlern der Moderne zählt. Nach Lehr- und Wanderjahren in Deutschland, Paris, Italien und Russland wählte er als Vierzigjähriger Güstrow zu seiner Lebens- und Arbeitsstätte. Hier entstand sein Hauptwerk: viele seiner Plastiken und Denkmale, eine Fülle von Zeichnungen, Druckgraphik, Dramen, Prosa und Briefe. In Güstrow wird die umfangreichste Sammlung seines Schaffens bewahrt. Dadurch wurde die Stadt weit über die Landesgrenzen hinaus bekannt.

Gertrudenkapelle mit
Werken Barlachs

Marga Böhmer
1887–1969, Bildhauerin. In
Stolberg im Harz geboren,
studierte sie 1908–1912
Bildhauerei in Bielefeld.
Im Anschluss daran war
sie in Düsseldorf, Krefeld
und Köln künstlerisch
tätig. 1917 heiratete sie
den Maler, Bildhauer und
Kunsthändler Bernhard A.
Böhmer. Sie übersiedelten
nach Mecklenburg. 1924
begann die Freundschaft
mit Ernst Barlach, dessen
Lebensgefährtin sie von
1927 bis zu seinem Tode
1938 war.

Sanierungsmaßnahmen und bis 1945 die Nutzung als
Kulthalle der Nationalsozialisten. 1953 wurde die Gertrudenkapelle zur ersten Gedenkstätte für Ernst Barlach. Seitdem befindet sich hier eine Ausstellung mit
Holzskulpturen und anderen bildhauerischen Werken
Barlachs. Damit erfüllte sich ein mehrfach geäußerter
Wunsch des Künstlers. Die Kapelle gibt Raum für so
berühmte Werke wie »Der Apostel« (1925), »Die gefes-
selte Hexe« (1926), »Lesender Klosterschüler« (1930), die
Figuren der »Gemeinschaft der Heiligen« (1930–1932)
oder »Der Zweifler« (1937). Die Lebensgefährtin Barlachs, Marga Böhmer, die großen Anteil am Entstehen
der Gedenkstätte hatte und als Kustodin die Ausstellung
betreute, lebte bis 1969 in einer kleinen Wohnung im
Dachgeschoss.

2007/2008 wurde die Gertrudenkapelle erneut restauriert. Dabei kamen mittelalterliche Malereien aus der
Zeit nach 1500 zu Tage. Ein kleiner Teil wurde exempla-
risch freigelegt. Im Sommer finden in der Kapelle Konzerte statt. Umgeben ist die Gertrudenkapelle von einem
parkähnlichen früheren Friedhof mit Plastiken wie »Mutter Erde« von Barlach und »Schreitender« von Wieland
Förster, Grabkapellen und Grabsteinen.

23 | Brunnen Fuchs und Igel

Zurück auf der Lindenstraße führt der Weg geradeaus bis zur Kreuzung mit der Eisenbahn- und Bleicherstraße. Hier steht ein Brunnen mit zwei Bronzefiguren: Fuchs und Igel. Sie entstammen der 1854 erschienenen Novelle »Voß un Swinegel« von John Brinckman. So erinnert der Brunnen, gestiftet von Brinckmans ältestem Sohn, geschaffen von Bildhauer Wilhelm Wandschneider aus Plau am See und aufgestellt 1908, an den mit Güstrow eng verbundenen niederdeutschen Erzähler und Lyriker.

24 | Pferdemarkt mit Borwinbrunnen

Anschließend setzt sich der Stadtrundgang am Pferdemarkt fort. Die belebte Fußgängerzone ist eine der ältesten Straßen Güstrows. Sie führt seit dem 13. Jahrhundert direkt zum Marktplatz. Von Weitem fällt ein Eckgebäude mit Turm auf: das Postamt, 1895 im Stil des Historismus erbaut. Auf dem Platz vor dem Postamt steht der Borwinbrunnen. Er wurde 1889 aus Anlass der Fertigstellung des Güstrower Wasserwerkes errichtet. Wasser floss darin erst zwanzig Jahre später. Zunächst diente der sechseckige

Postamt am Pferdemarkt

John Brinckman

1814–1870, niederdeutscher Erzähler und Dichter. Geboren in Rostock, ging Brinckman nach dem Jura-Studium 1839–1842 nach Amerika. Nach seiner Rückkehr arbeitete er als Hauslehrer bei Adelsfamilien. Brinckman engagierte sich in der Revolution von 1848. Ab 1849 war er Lehrer (Englisch, Französisch, Latein) an der Güstrower Bürger- und Realschule und setzte sich für bessere Schulverhältnisse ein. Brinckman schrieb plattdeutsche Gedichte und Erzählungen. Der Erfolg kam erst nach seinem Tod. Das Grab Brinckmans befindet sich auf dem Friedhof der Stadt Güstrow, deren Ehrenbürger er anlässlich seines 200-jährigen Geburtstages 2014 wurde.

Brunnen nach Entwürfen von Georg Daniel aus Schwerin als Denkmal für die Stadtgründung im Jahre 1228 und den Domstifter Heinrich Borwin II. Die Bekrönungsfigur Heinrich Borwin ist ein Werk von Richard Thiele aus Hamburg, einem Lehrer Ernst Barlachs. Die rechte Hand der Borwin-Statue hält symbolisch die Gründungsurkunde der Stadt. Da die Urkunde, mit der Heinrich Borwin II. auf dem Sterbebett 1226 dem Ort das Stadtrecht verlieh, nicht erhalten blieb, beruft sich die Stadt auf die Bestätigung durch seine Söhne 1228. Ihr Wortlaut ist am Borwinbrunnen zu entziffern. Übersetzt lautet die lateinische Inschrift: »Sowohl unsere Zeitgenossen als unsere Nachfolger späterer Zeiten sollen wissen, dass wir, dem Wunsche unserer Bürger von Güstrow mit freundlichem Wohlwollen entgegenkommend, denselben das Schwerinsche Stadtrecht, welches unser Vater ihnen verliehen hatte, bestätigen. Johannes, Nicolaus, Heinrich, Pribezlaus, Heinrich Borwins II. Söhne, 1. November 1228.«

25 | Ehemalige Synagoge

In der Straße Krönchenhagen befand sich die Güstrower Synagoge. Sie wurde in der Nacht vom 9. zum 10. November 1938 durch Brandstiftung zerstört. Daran erinnert heute eine Inschrift auf dem Gehweg vor dem Grundstück Nr. 13, auf dem sie stand.

Die ersten Juden siedelten sich in Güstrow Ende des 13. Jahrhunderts an. Jahrzehnte später gab es eine jüdische Gemeinde mit Synagoge und Friedhof. Nach einem Prozess 1330 wurden die Juden verfolgt und getötet, ihre Synagoge zerstört. Danach durften erst Mitte des 18. Jahrhunderts wieder einige Juden mit teuer erkauften Schutzbriefen in die Stadt kommen. Sie wirkten als Kaufleute, wofür Güstrow als Handels- und Wirtschaftszentrum gute Perspektiven bot. Mitte des 19. Jahrhunderts lebten in Güstrow 22 jüdische Familien, mehr als 200 Bürger. Sie bildeten nach Schwerin die zweitgrößte jüdische Gemeinde Mecklenburgs, besaßen die im klassizistischen Stil erbaute, 1829 geweihte Synagoge im Krönchenhagen und prägten das Leben der Stadt mit. 1938 lebten nur noch 44 jüdische Menschen hier. Im Juli 1942 wurden die letzten deportiert.

Inschrift im Krönchenhagen

26 | Historisches Wasserkraftwerk

Besichtigung Mo–Fr 9–13 Uhr (Mi bis 14 Uhr), Mo 14–15.30 Uhr, Di/Do 14–18 Uhr

Am Berge Nr. 4–5 befinden sich die Stadtwerke Güstrow. Hier ist ein Wasserkraftwerk zu besichtigen, dessen Geschichte bis ins 13. Jahrhundert zurückreicht. Damals stand an diesem Ort eine Kornmühle, 1287 erstmals urkundlich erwähnt und nach Errichtung des Mühlentors als Mühlentor-Mühle bekannt. Sie versorgte ab 1608 über eine Holzwasserleitung den großen öffentlichen Brunnen auf dem Pferdemarkt mit Wasser. Vom Wasserrad angetriebene Holzpumpen förderten das Wasser in einen hölzernen Hochbehälter, der sich im Turm des Mühlentors befand. Ende des 19. Jahrhunderts entstand hier das erste Wasserwerk der Stadt zur Trinkwasserversorgung. Dafür wurde das Flusswasser der Nebel genutzt. Für den Antrieb der Pumpen sorgte ab 1885 eine Francis-Turbine, die das hölzerne Wasserrad ersetzte. Die Inbetriebnahme dieses ersten Wasserwerkes war den Stadtvätern ein Denkmalsbrunnen wert: der Borwinbrunnen auf dem Pferdemarkt.

Ab 1928 – nach dem Umbau zum Wasserkraftwerk – diente das Nebelwasser auch zur Stromerzeugung. 1972

Die **Nebel** als der größte Nebenfluss der Warnow durchfließt den Nordosten und Norden Güstrows. Sie war von erheblicher Bedeutung für die wirtschaftliche Entwicklung der Stadt. Im Mittelalter bot sie als Teil des Befestigungssystems einen natürlichen Schutz. Gleichzeitig diente sie dem Warentransport von und nach Rostock. Die erste Erwähnung der Nebelschifffahrt stammt aus dem Jahr 1391. Außerdem trieb die Nebel städtische Mühlen an, diente der Flößerei und versorgte die Bürger mit Wasser. Parallel zum Unterlauf entstand 1895/96 der Güstrow-Bützow Kanal. Er belebte noch einmal die Lastschifffahrt, die 1953 eingestellt wurde.

Das **Kniesenack** (wendisch: Fürstenbier) wurde bereits 1590 als »trefflich gutes Bier« bezeichnet. Es soll ein sagenumwobenes, gesundes, kräftiges und wohlschmeckendes Gerstenbier gewesen sein. Wer es genieße, werde »in kurzer Frist reich im Gedanken, beherzt, lustig, holdselig und liberalischen Geberden und mild in Verheißungen sonderlich gegen die Frauen und Jungfrauen« sein. Bis Anfang des 19. Jahrhunderts ist es in Güstrow gebraut worden. Später lebte die Produktion 1850–1860 und 1884 noch einmal auf. In der Gaststube der Brauerei sollen Feste gefeiert worden sein, die zu den »beschwingtesten, kraftvollsten, fröhlichsten Stunden der Beteiligten« gehörten.

wurde das Kraftwerk stillgelegt, mit dem Projekt »Wasser in Güstrow« zur EXPO 2000 jedoch zum Leben wiedererweckt. Nach der Revitalisierung des Nebelzuflusses und der Sanierung der Turbinen wird wieder Energie erzeugt. Ein Energiegraben hinter den Stadtwerken führt das abfließende Wasser zur Nebel zurück.

27 | Am Berge

Gegenüber dem Wasserkraftwerk lädt ein Pavillon mit Eiscafé zum Verweilen ein. Das Gebäude wurde 1934 vom Güstrower Architekten Adolf Kegebein als Ausstellungspavillon errichtet und besitzt Denkmalwert. Rechts davon verlief die Zufahrt zur Kniesenack-Brauerei, deren Gebäude 2005 wegen Baufälligkeit abgerissen wurden. Hier ist jetzt ein Durchgang zur historischen Stadtmauer, der Gleviner Mauer, an der ein Spazierweg entlangführt.

In der Straße Am Berge stehen rechter Hand die drei klassizistischen Giebelhäuser Nr. 10, 11 und 12. Im ältesten von ihnen, der Nr. 10, wurden Gebäudeteile aus dem Jahr 1743 gefunden. Beim Umbau 1791 erhielt es seine bis heute erhaltene Gestalt als Giebelhaus. Haus Nr. 11 wurde 1808 als Gasthaus und Nr. 12 im Jahr 1832 als Wohn-

haus erbaut, vermutlich nach Plänen des Güstrower Bau-
meisters David Anton Kufahl. Früher befand sich auf der
jetzigen Straße Am Berge der Ziegenmarkt, schon 1374
als Handelsplatz erwähnt und noch 1733 auf einem Lage-
plan eingezeichnet. Dass **Ziegen** Jahrhunderte lang zum
Alltagsleben der Güstrower gehörten, daran erinnert ein
großer Naturstein mit Ziegenkopf an der Ecke zur Mühlenstraße.

28 | Mühlenstraße

Die Mühlenstraße erhielt ihren Namen nach dem Müh-
lentor und der dort gelegenen Wassermühle. Nach dem
großen Stadtbrand von 1503, dem auch die Häuser der
Mühlenstraße zum Opfer fielen, entstanden im 16. und
zu Anfang des 17. Jahrhunderts repräsentative Bürgerhäuser, die das Straßenbild noch heute prägen. Seit 1978
gehört die Mühlenstraße zu den verkehrsberuhigten Be-
reichen der Güstrower Altstadt. So kann man entspannt
zurück zum Marktplatz schlendern. Dabei gibt es historische Fassaden zu bewundern. Interessant sind die
vielen Details, die man überall in der Güstrower Altstadt
entdeckt. Dazu gehören Haustüren mit geschnitzten
Elementen, Rundbögen, Oberlichtern, kunstvollen Be-
schlägen und Klinken ebenso wie verschiedene Fenster-
formen, Giebelschmuck, steinerne Vorsprünge, Hand-
werkszeichen.

Die **Ziegen** weideten auf
dem Grünland außerhalb
der Stadtmauer, so auch
auf den Wiesen des nahe
gelegenen heutigen
Rosengartens nördlich
der Bleicherstraße. Dort
befanden sich entlang
der Nebel Sumpfwiesen,
die im Laufe der Zeit
trockengelegt wurden. So
entstanden die »Paradies-
wiesen« für die Güstrower
Ziegen. 1936 wurden sie
zur Parkanlage umge-
staltet und die Wiesen
in »Rosengarten« bzw.
»Tiergarten« für Rot- und
Damwild umbenannt.
Heute steht der Rosengar-
ten als historischer Park
unter Denkmalschutz.

29 | Derz'sches Haus

Bistro Mo–Fr 8–15 Uhr

Das Derz'sche Haus in der Mühlenstraße 48 gehört zu
den ältesten und bedeutendsten Bürgerhäusern der
Stadt. Es wurde vermutlich 1535 errichtet. Insbesondere
beeindrucken die reich verzierten, gut erhaltenen Staf-
felgiebel an der Vorder- und der Rückseite des Hauses.
Im Innenraum wurde Holzdeckenmalerei aus der Zeit
um 1600 gefunden. Sie zeigt Porträts von Gelehrten
des 16. Jahrhunderts wie des Schweizer Arztes, Natur-
forschers und Altphilologen Conrad Gesner (1516–1565)

Derz'sches Haus

oder des Mediziners und Botanikers Leonhart Fuchs (1501–1566). Erster Besitzer des Hauses war Hofrat Dr. Protasius Marstaller, der als Rechtsgelehrter bei den Herzögen Ulrich und Karl im Hofdienst stand. Während des Dreißigjährigen Krieges waren hier 1628/31 Wallensteins Statthalter einquartiert. Wechselnde Eigentümer bauten das Haus im Inneren um. 1855 wurde eine Bierbrauerei mit Schankwirtschaft eingerichtet. 1907 kaufte der Brauer Paul Derz das gesamte Anwesen und betrieb bis zu seinem Tod 1928 eine leistungsfähige Brauerei. 2013 zog in das denkmalgerecht sanierte Derz'sche Haus und seine Nebengebäude die Güstrower Werkstätten GmbH ein. Sie betreibt hier ein Projekt zur Förderung von Menschen mit geistiger und psychischer Behinderung: Ein stilvolles Bistro mit Hof-Café bietet Köstlichkeiten, die aus frischen Produkten von regionalen Lieferanten hergestellt werden, in den Hintergebäuden befinden sich Werkstätten mit Läden.

30 | Mühlenstraße 17

Information Tel. 03843 75 00 (Wohnungsgesellschaft)

Auf der gegenüberliegenden Straßenseite verdient ein Renaissancebau mit schlichtem Giebel, historischer Sandsteintafel und den Ziffern 1607 besondere Aufmerksamkeit. Im Erdgeschoss des Kemladens (Zugang Baustraße) entdeckte man 2004 eine rund 400 Jahre alte Holzbalkendecke mit imitierter Kassettenmalerei. Sie zeigt 19 detailgetreue Porträtmedaillons aus dem frühen 17. Jahrhundert. Die Bildnisse von Personen in zeitgenössischer Kleidung lassen vermuten, dass der Bauherr zum Güstrower Hof gehörte. Die einzigartige Decke, ein wertvolles Zeugnis der norddeutschen Renaissancekunst, schmückt den ca. 40 Quadratmeter großen ehemaligen Festsaal des Hauses.

Zum Schluss noch ein Blick auf die Tafel am Haus Mühlenstraße 1: Hier trafen sich 1712 im Großen Nordischen Krieg August der Starke, Zar Peter der Große und der schwedische General Steenbock zu Waffenstillstands- und Friedensverhandlungen. Seit 1849 befindet sich in dem Eckhaus eine Apotheke.

Uwe Johnson
1934–1984, Schriftsteller. In Kammin (Pommern) geboren, legte er 1952 in Güstrow das Abitur ab. Nach dem Studium in Leipzig ging er 1959 nach Westberlin und erwarb sich das ungeliebte Etikett vom »Dichter des geteilten Deutschland«. Trotz des Weggangs blieb er seiner Heimat Mecklenburg verbunden. 1984, im Alter von fast 50 Jahren, starb Johnson in Sheerness on Sea in England. Zu seinen bekanntesten Werken zählen »Mutmaßungen über Jakob«, »Jahrestage« und »Ingrid Babendererde. Reifeprüfung 1953«. Orientiert an Bildern aus der Heimat, die er sehr genau beschreibt, widmete er sich immer wieder der Zweistaatlichkeit Deutschlands, dem Ost-West-Problem. Anlässlich seines zehnten Todes- und 60. Geburtstages wurde die Stadtbibliothek Güstrow in Uwe Johnson-Bibliothek umbenannt.

Links: Mühlenstraße 17

Atelierhaus

31 | Ernst Barlach Stiftung Güstrow

Apr.–Okt.: Di–So 10–17 Uhr;
Nov.–März: Di–So 11–16 Uhr
Kombi-Ticket für die Museen inkl. Gertrudenkapelle

Am Inselsee, einige Kilometer südöstlich von der Alt-
stadt entfernt, befindet sich die Ernst Barlach Stiftung
Güstrow. Ihre Museen und Ausstellungsgebäude am
Heidberg 15 sind mit der Buslinie 252 des rebus Regio-
nalverkehr Rostock oder mit dem Pkw über Plauer und
Bölkower Chaussee gut zu erreichen; zu Fuß via Plauer
Straße und Barlachweg ist man vom Stadtzentrum eine
knappe Stunde unterwegs.

Die Stiftung wurde 1994 gegründet und bewahrt den
umfangreichen Nachlass des Bildhauers, Grafikers und
Schriftstellers Ernst Barlach. Er lebte von 1910 bis zu seinem Tod 1938 in Güstrow. Obwohl er in Wedel geboren
und in Ratzeburg beigesetzt wurde, verblieb sein Nachlass in Güstrow. Die Stiftung verfügt über Werke aus
allen Schaffensperioden: etwa 320 plastische Arbeiten,
1400 Zeichnungen, 200 Blatt Druckgrafik, 130 Taschen-
und Skizzenbücher sowie 110 literarische Manuskrip-
te. Mit ihren Museen Gertrudenkapelle (siehe S. 37/38)

Adolf Kegebein
1894–1987, Architekt.
Im Jahr 1924 begann der
gebürtige Güstrower seine
Tätigkeit als selbstständi-
ger Architekt. Nach seinen
Entwürfen entstanden in
den folgenden zwei Jahr-
zehnten etwa 50 Bauten
für Wohnen, Verwaltung,
Geschäft und Industrie in
der Stadt. Dazu gehörte
auch das Atelierhaus
mit Wohnung für Ernst
Barlach am Güstrower
Inselsee.

sowie dem Atelierhaus und dem Ausstellungsforum-Graphikkabinett hier am Inselsee ist sie ein kulturelles Zentrum von internationalem Rang.

Barlach ließ sich das Atelierhaus mit Werkstatt und Wohnung am Güstrower Inselsee 1930/31 bauen. Der Entwurf stammte von dem Güstrower Architekten Adolf Kegebein. Angesichts ausbleibender Aufträge in den 1930er Jahren nutzte Barlach in dem neuen Gebäude nur die Werkstatträume. Nach seinem Tod 1938 wurde sein Atelierhaus Sitz der Nachlassverwaltung. Heute werden hier weltbekannte Kunstwerke Barlachs ausgestellt: die Holzskulpturen »Der Träumer« (1925) und der »Der Wanderer« (1934) sowie zahlreiche Werkmodelle und Bronzen des Künstlers. Eine zweite Ausstellung gibt Einblick in Barlachs Leben und Werk.

1997/98 wurde in unmittelbarer Nähe des Atelierhauses das Ausstellungsforum der Stiftung errichtet. Hier werden seitdem der reiche Bestand an Barlachs Werken, sein geistiges und künstlerisches Umfeld wie auch die Klassische Moderne und Kunst der Gegenwart in wechselnden Ausstellungen gezeigt. Mit dem Graphikkabinett besitzt die Stiftung seit 2003 einen weiteren Raum zur Präsentation ihrer Bestände sowie von Werken aus anderen Museen und Sammlungen.

Der Güstrower Inselsee mit Schöninsel und Heidbergen ist ein Refugium der Natur im Südosten der Stadt. Für die Erkundung per Boot, Kanu oder Fahrrad ist der Strand am Ostufer mit benachbartem Boots- und Kanuverleih ein guter Ausgangspunkt. In den Sommerferien gibt es auf dem See einen kleinen Linienverkehr mit dem Kutter zu den Anlegern Kurhaus, Fährhaus und Klubhaus. Von Mai bis Oktober wird eine Rundfahrt bis zur Schöninsel angeboten. Die Kombitagestour »Kutter, Kanu, Kette« beinhaltet Radtour, Boots- und Kanufahrt. (Bootsverleih Tel. 0171 9 59 88 94, Wanderer Kanu, Rad & Reisen Tel. 038458 80 11).

Atelierhaus

Güstrow an einem Tag. Ein Stadtrundgang
Herausgegeben von Mark Lehmstedt

Text: Christina Meinhardt
Lektorat: Kristina Schulze / Lehmstedt Verlag
Karte: OpenStreetMap-Mitwirkende, geodressing.de
Fotos: Uta Gau, außer: Hajo Dietz/Nürnberg Luftbild (U2),
Bettina Bretschneider (S. 2 u., 22 o.), Ernst-Barlach-Theater
(S. 29), Michael Setzpfandt / © Staatliches Museum Schwerin
(S. 32), Elke Walford / © Staatliches Museum Schwerin (S. 34 u.)
Gestaltung: Mareike Bardenhagen / Lehmstedt Verlag
Druck: druckhaus köthen GmbH & Co. KG, Köthen (Anhalt)

Umschlag:
1: Schloss Güstrow
2: Achtern Dom, Blick zum Dom
3: Luftbild
4: Brunnen Fuchs und Igel
5: Wappen am Schloss Güstrow

© Lehmstedt Verlag, Leipzig
2. aktualisierte Auflage, 2022
ISBN 978-3-95797-048-0